¡Tú Puedes Profetizar!

Una Guía de Bolsillo Profética de Estrategias e
Instrucciones Probadas en Cómo Revelar Profecías
Personales y Corporativas

Dwann Holmes Rollinson

sermontobook.com

Sermón a Libro
www.sermontobook.com

¡Tú Puedes Profetizar! / Dwann Rollinson
ISBN-13: 9780692683446
ISBN-10: 0692683445

Tú Puedes Profetizar *está dedicado a todos mis estudiantes y aprendices proféticos que han pasado por el Instituto Global de Profetas de la Iglesia y del Mercado, así como a los hijos e hijas espirituales que entienden lo que quiero decir cuando digo Profecía, Profeta; ¡Profetiza!*

Sí, como profeta, por lo menos, deberías ser capaz de profetizar. Pero más que nada, como creyente deberías ser capaz de edificar, exhortar y consolar a otros a través de la Profecía.
¡No importa lo quién seas en el Reino! ¡Tú Puedes Profetizar!

CONTENIDO

Prefacio

Tú Puedes Profetizar hace varias cosas muy importantes para el Cuerpo de Cristo hoy. La principal de ellas es que valida una de las razones más ventajosas por las que Dios puso su Espíritu Santo dentro de nosotros, que es para hacernos oírlo hablar. Otra razón por la que tenemos el Espíritu Santo dentro de nosotros es para hablar por él.

En un mundo donde cada otra deidad tiene una voz y un cuerpo de personas para publicar los pensamientos de su Dios, sólo tiene sentido que el Dios de los dioses debe tener lo mismo, y lo hace.

Tú Puede Profetizar lo prueba, y entra en discusión inteligente sobre la forma de hablar en voz alta lo que tu Dios dice desde tu interior. ¿Por qué es tan importante que los hijos de Dios acepten que pueden profetizar? La respuesta es porque Dios habla. Desde el momento en que Él dijo, "Hágase la luz," Él nunca ha dejado de hablar y continuará hablando en voz alta a este mundo, siempre y cuando exista.

El inconveniente es que su voz es inaudible para la persona promedio en la tierra y necesita amplificación para ser escuchado, y en ocasiones para que la traducción se entienda. Esto se debe a que la mayoría de las personas naturales no pueden igualmente escuchar a partir de una voz sobrenatural. Así que Dios envió al Espíritu Santo al mundo para ser su amplificador, él permite a los buscadores el encontrar y escuchar a través de él.

La gente ansía saber de Dios y corren aquí y allá para obtener las respuestas del mañana hoy. Los prepara y los arma para asumir la vida y tener éxito con más frecuencia que lo que fallan. Nos necesitan para orar por ellos, pero también nos necesitan para escuchar de ellos también a veces. De la misma manera te puedes acercar a Dios en la oración, tú que lo tienes en el interior de ti puedes solicitar la sabiduría. Eso es lo que profetizar es por encima de todo, la sabiduría de Dios expresada en este mundo. Ahora, para enseñar a la gente a profetizar, esta pregunta ha sido la piedra de tropiezo para muchos una voz de Dios, así que aquí están algunas cosas a considerar.

A los predicadores se les enseña a predicar, a los maestros se les enseña a enseñar, a los fieles se les enseña a cantar y a alabar, y a los líderes se les enseña a conducir. Estos ministros también tienen el Espíritu del Señor dentro de ellos y aun así, a ser excelentes y precisos, se les enseña, no importar lo talentos o dotados sean.

Cuando se trata de profetizar, considera esto. Antes de que existiera alguno de ellas, el Señor enseñó a los profetas a profetizar y a los sacerdotes a escuchar y revelar Sus pensamientos.

Puesto que Él es el mismo ayer, hoy y siempre, Él asigna maestros modernos en Su cuerpo para equipar a otros para oír y servirle porque las personas nacen sin saber cosas. A pesar de lo mucho que ellos sienten que necesitan algo (o a alguien) para cerrar la brecha entre lo que sienten, lo que piensan, y lo que pueden hablar. Ese es el trabajo de la enseñanza y la formación. Es por eso que este libro presenta algunas formas prácticas "que puedes profetizar."

Por último, está la pregunta de qué es exactamente la Profecía. La profecía es Dios respondiendo en este mundo sobre lo que Él quiere que actuemos. A veces Sus respuestas predicen, a veces corrigen. A veces aclaran y en otros momentos tranquilizan, guían, o confortan. Cualquiera que sea, la verdadera alegría que nosotros como su familia en la tierra compartimos es que Él nos habla, un alto honor que tantos otros en el planeta se pierden. Nosotros, los cristianos tenemos el privilegio de escuchar la voz de los ejércitos y compartir sus pensamientos. Nada en la tierra supera cualquiera de estos. Así que sí, *Tú Puedes Profetizar*. Simplemente toma el tiempo para aprender a profetizar bien. Respeta tu don lo suficiente como para ser exacto y vas a declarar la palabra del Señor con confianza.

Paula A. Price, PhD
Autora – El Diccionario del Profeta y
El Manual del Profeta
Fundadora – N.E.A.R. Restitución de Apostolado

¡Tú Puedes Profetizar!

Introducción

Uno de los temas proféticos más controvertidos que parezco encontrar semanalmente es si o no puedo enseñar a alguien a profetizar.

Nunca habría imaginado que tantos cristianos "creyentes en la Biblia" creen literalmente que una forma de profecía no se puede enseñar, ya que es un don espiritual.

Esto me desconcierta por completo.

Es como si estas mismas personas de mente cerrada no fuesen capaces de comprender cómo alguien con el don de una gran voz para cantar debería practicar con seguridad y probablemente podría aumentar su capacidad de utilizar su don si lo hicieran con regularidad. Especialmente con la formación especializada de uno que tiene la gracia y el don para ayudarles a aumentar en esa zona.

En esencia, eso es lo que tiendo a explicar más de lo que quisiera, a la gente de todo el mundo.

Muchas veces, se confunden, lo sepan o no, acerca del don de Profecía contra el Agente del Reino del Profeta.

No tienen idea de con cuántos profetas y gente profética me encuentro que anhelan la ayuda con la liberación y la entrega de la profecía, uno-a-uno y corporalmente.

No tienen idea de con cuántos profetas interactúo que tienen claramente una corriente profética, pero que no se les ha enseñado cómo maximizar el fluir en esa corriente profética.

Y por cierto no tienen idea de la cantidad de creyentes que he ayudado con éxito con esto.

Recuerdo toda la discusión apasionada que salió cuando empecé a hacer publicidad de uno de mis seminarios en línea más populares, del cual se ha desarrollado esta guía, titulada *Enséñame Cómo Profetizar*.

Me río mientras escribo esto.

Se podría pensar que había grabado un video maldiciendo gente, por la forma en que algunos reaccionaron.

Ellos fueron inflexibles, incluso mientras hacían preguntas desarrolladas para manipular una cierta respuesta.

Ellos preguntaron: "¿No son los dones dados por Dios?"

A lo que respondí: "¡Por supuesto!"

Sin embargo, eso no niega el hecho de que incluso si Dios nos ha dado dones, todavía depende de nosotros el asumir la responsabilidad de ese regalo y pasar de un nivel a otro y de gloria en gloria con ese mismo don.

De lo contrario podríamos esencialmente terminar como los criados que se escondieron y enterraron los talentos que su maestro les dejó.

Cuando el maestro le dejó a cada uno de sus siervos los talentos, el esperaba que multiplicasen lo que les fue dado.

El esperaba que fuesen estratégicos en el uso de esos talentos para la gloria futura.

Creo que esto es lo que Dios espera cuando nos bendice con dones espirituales y talento natural.

Sin embargo, la corriente de profecía al que me referiré en estas páginas debe estar más estrechamente asociado con el don de la oración profética.

Digo esto porque sé por experiencia que si se puedes pensar en ellos desde esta perspectiva, serás capaz de beneficiarte mejor porque llegarás más fácilmente a la conclusión de que con la falsa creencia esa "profecía de enseñanza" no se puede hacer.

En la Biblia, vemos que los discípulos específicamente solicitaron que Jesús les enseñase cómo orar.

En la Nueva Versión Internacional de la Biblia, dice así:

"Un día estaba Jesús orando en cierto lugar. Cuando terminó, uno de sus discípulos le dijo: Señor, enséñanos a orar, como Juan enseñó a sus discípulos".

Propongo, al igual que los discípulos preguntaron, nosotros también podemos solicitar: ENSÉÑAME COMO PROFETIZAR. En ese momento, transicionaremos a otro nivel de aprendizaje, simplemente porque estamos dispuestos a admitir que queremos más, y queremos que Dios o los maestros se pongan en nuestro camino para impartir más a través del don de la enseñanza.

Así que si tú eres o no capaz de profetizar en cualquier momento o alguien que cree que tiene que orar en lenguas durante varios minutos antes de profetizar, te desafío ahora mismo a no encasillar Dios en la caja que podrías haberle puesto basado en tus experiencias anteriores y francamente tus antiguas enseñanzas fundamentales.

Si estás leyendo esto ahora mismo, no creo que sea un accidente.

Creo que Dios ha ordenado este momento en el tiempo a través de la providencia. Verás, Él sabe dónde te encuentras tú en Él y lo que se necesitará para que tú llegues realmente al siguiente nivel de manifestar el destino en tu vida con la llamada profética que está sobre tu vida.

Ya sea que seas un adolescente o un santo experimentado, si tomas en serio esta guía y explícitamente sigues las instrucciones, creo que inmediatamente verás un aumento en tu vida profética.

Con esto en mente, profetizo que al leer las páginas de esta guía, ¡se te abrirán los ojos espirituales y el peso del profético en tú se incrementarán sin tensión!

Recíbelo hoy y debes saber sin una sombra de duda: ¡Tú PUEDES Profetizar!

Empecemos

Dios me ha dado una pasión para educar, iluminar, y empoderar a intercesores proféticos, adoradores proféticos, y profetas en entrenamiento. Una de las maneras en que hago esto es a través del Instituto Global Para Profetas de la Iglesia y del Mercado.

Este libro es para profetas y gente profética que quieren una comprensión clara de cómo profetizar con precisión y sin miedo en la vida de una persona de uno-a-uno, y en un entorno corporativo también. Este libro es para las personas proféticas que realmente desean aumentar lo profético dentro de ellos mediante la comprensión de lo que la profecía es y lo que la profecía no es desde una perspectiva bíblica.

Esto es para aquellos soñadores, videntes y profetas que quieren destacar con confianza ante el pueblo de Dios y proclamar la Palabra del Señor y saber que no han evocado algo en el espíritu.

Tómate un momento para reflexionar sobre estas preguntas:

- ¿Está cansado de quedarte callado cada vez que alguien en posición de liderazgo te demande la Palabra del Señor para el ministerio o para tu iglesia?

- ¿Estás seguro de que Dios te está hablando, pero temes decir algo incorrecto y provocar que el destino de una persona sea desviado?

- ¿Estás cansado de obtener respuestas vagas sobre cómo hablar de manera concisa en la vida de una persona en un nivel personal?

- ¿Alguna vez has estado cerca de un profeta experimentado que profetizó acerca de la vida de alguien durante quince minutos o más, y en tu mente te dijiste a ti mismo, *no hay forma en el mundo en que yo sea capaz de hacer eso?*

- ¿Estás soñando sueños detallados, pero careces de la comprensión para convertirlos en la Palabra del Señor?

- ¿Existe una brecha entre donde *estás* en el profético y donde *tienes* que estar?

- ¿Quieres saber con certeza que *entiendes* lo que significa profetizar?

- ¿A veces sientes como si ya no sabes si lo que Dios te está diciendo es verdad?

En este libro, aprenderás que hay una manera clara para aprovechar el Espíritu Santo en un momento dado y tener confianza en lo que Dios quiere decir a cualquier persona en cualquier momento y en cualquier lugar. ¿Suena como el tipo de libro que te gustaría leer? Si has respondido con un rotundo "sí" a cualquiera de estas preguntas, entonces podrás disfrutar de esta lectura.

Este sistema bíblico, si se quiere, implica algo más que orar en el Espíritu y con la esperanza de alcanzar la marca profética.

Quiero que sepas, querido lector, que todo lo que enseño en este libro se basa todo en las preguntas que me hacen antes, durante y después del ministerio profético. No sé todo en el tema de la profecía —ni siquiera cerca de saberlo todo— pero tengo muchas experiencias, consejos y palabras de aliento para compartir. Con eso, vamos a empezar.

¿Qué Cubrirá Este Libro?

- Lo Básico de la Profecía

- La forma de liberar una palabra profética para una persona

- La forma de liberar una palabra profética para una reunión corporativa

- Aplicaciones prácticas

- Preguntas y respuestas

PARTE UNO

Lo Básico de la Profecía

Seguid el amor; y procurad los dones espirituales, pero sobre todo que puedas profetizar. Porque el que habla en lenguas no habla a los hombres sino a Dios; pues nadie lo entiende, pero él habla misterios en el Espíritu. Por otro lado, el que profetiza habla a los hombres para edificación, exhortación y consolación. — **1 Corintios 14:1-4**

La NIV lo dice de esta manera:

El que habla en lenguas se edifica a sí mismo, pero el que profetiza, edifica a la iglesia. Me gustaría que cada uno de ustedes hablase en lenguas, pero preferiría que profetizaseis. — **1 Corintios 14:4-5**

La escritura clave se encuentra en el verso 5:

Me gustaría que cada uno de ustedes hablase en lenguas, pero preferiría que profetizaseis. El que profetiza es mayor que el que habla en lenguas, a menos que alguien interprete para que la iglesia reciba edificación. — **1 Corintios 14:5 (NIV)**

De acuerdo con este pasaje de la Escritura, el que profetiza es mayor que el que habla en lenguas, a menos que alguien interprete para que la iglesia reciba edificación. Cuando tengas una oportunidad en tu tiempo libre, estudia 1 Corintios 14.

¿Cuál es el Propósito de la Profecía?

- Edificar (es decir, construir, levantar, establecer, o fortalecer).

- Exhortar (es decir, de urgencia, asesorar, precaución con seriedad, urgencia o amonestación).

- Confortar (es decir, calmar, consolar, o tranquilizar y llevar alegría).

Lo que la Profecía No es

La profecía no es una manera de hacer que la gente:

• Dude de Dios

• Dude de su destino

• Dude de que Dios les ha hablado en el pasado

• Menospreciar, avergonzar o acosar

• Confundir, asustar, o intimidar

Si cualquiera de estas situaciones ocurre, debes saber que el mensaje no es de Dios, no es bíblico, ni tampoco es la verdadera profecía. *¿Entonces qué es?* Respuesta: Es de la carne.

Cómo Liberar Profecía Básica

¿Cómo puede uno liberar profecía básica? Es muy simple: a través de la Palabra de Dios. Por lo tanto, si es un intercesor profético, adorador profético, un profeta experimentado, o un profeta en entrenamiento, la forma número uno para aumentar tu don profético es estudiar constantemente la Palabra de Dios. ¿Por qué? Ya que aumentará la precisión y la claridad de tus mensajes proféticos.

Tu siguiente pregunta podría ser: "Una vez que reciba mi palabra profética, ¿cómo puedo liberarla en una forma que honre a Dios y de manera exacta?" Excelente pregunta.

Ahora mismo te voy a dar algunos puntos de partida de uno-a-uno, y entonces basado en la Palabra que Dios te ha dado, quiero que amplíes la profecía en un cuaderno. Esta es una actividad real que no quiero que te detengas y hagas. ¿Listo? Ve.

Puntos de muestra de partida uno-a-uno

Punto de partida de muestra 1: Digamos que conoces a alguien que está pasando por un divorcio. ¿Cómo ministrarles? Comienza con pasajes de las Escrituras que conozcas que se aplican a su situación particular.

Después, a modo de confort, diles algo como, "Dios dice que va a suplir todas tus necesidades conforme a Sus riquezas en el cielo."

Lo siguiente que sabrás será que tu profecía estará liberándose. Pero ten en cuenta: Depende de ti el sacar el pasaje de la escritura inicial que se aplica a tu situación particular. Después, debes esperar a que tu mensaje profético venga.

Tómate 5 Minutos: ¿Qué tipo de escrituras crees que se aplican a alguien que está pasando por un divorcio? Anota tus respuestas.

Ejemplo de Punto de partida 2: Digamos que conoces a un nuevo dueño del negocio. Toma un momento para pensar en las escrituras que se van a aplicar a esta persona, que muy probablemente tiene que ser edificada y posiblemente exhortada. Ellos están caminando en la fe, en la creencia de que van a ganar suficiente dinero para salir de su trabajo actual.

Yo podría decirles: "Dios dice que Él les ha dado el poder para ganar la riqueza."

Tómate cinco minutos: ¿Qué tipo de escrituras crees tú que se aplican a un nuevo dueño de negocio? Anota tus respuestas.

Punto de Partida de Muestra 3: Digamos que conoces a alguien que ha perdido recientemente a su cónyuge. Es muy difícil ministrar a aquellos que han perdido a sus seres queridos, pero hay maneras para confortar, para aliviar, consolar, tranquilizar, y para traer alegría.

Podrías decir: "La Escritura dice que estar ausente del cuerpo es estar presente con el Señor. Dios dice que Él nunca va a dejarte ni te abandonará, incluso durante este tiempo trágico".

Tómate cinco minutos: ¿Qué tipo de escrituras crees tú que se aplican a una viuda? Anota tus respuestas.

Punto de Partida de Muestra 4: Digamos que conoces a alguien que está pasando por angustia emocional. Tú sientes opresión, sientes tristeza, pero realmente no sabes por qué. Yo podría decir algo como: "La Palabra del Señor dice que el gozo del Señor es tu fortaleza."

Tómate cinco minutos: ¿Qué tipo de escrituras crees tú que se aplican a alguien que está pasando por angustia emocional? Anota tus respuestas.

Recuerda, sin importar la situación profética en la que te encuentres, siempre debes estar confiando en la Palabra de Dios, no en su carne o su mente. Tu objetivo completo en profetizar es simplemente liberar la profecía básica de la Palabra del Señor.

El Siguiente Nivel de Profecía

Ahora voy a darte la definición espiritual de profecía. Esta viene del *Diccionario del Profeta* escrito por la Dr. Paula Price. La profecía es una comunicación inspirada de Dios. Esto ocurre cuando eres claramente un intercesor profético, un profeta experimentado, o incluso un profeta en formación. Tú sientes a Dios liberando algo sobre ti que necesita ser liberado a la persona, pero tú vas a comenzar con la Palabra de Dios y luego vas a ver lo que Dios dice.

¿Qué la Hace Profecía?

La profecía se produce cuando Dios habla a través de sus profetas antes de que ocurran los eventos terrenales en cuestión. En otras palabras, la revelación de predicción que Dios, que es eterno, habla desde fuera del tiempo por medio de su creación y la familia en el tiempo. Una vez más, esta definición es del *Diccionario del Profeta.*

Como seres humanos, estamos en el tiempo; Dios está fuera del tiempo. Pero nos habla fuera del tiempo, en el tiempo. ¡Me encanta! Pero no todo el mundo debe tratar de fluir en esto, porque incluso los profetas como experimentados, son propensos a cometer errores.

Uno nunca quiere ponerse en una situación en la que le estás profetizando a alguien pero estás completamente fuera de lugar porque no estás siguiendo el protocolo.

Así, de nuevo, el protocolo básico para la profecía es la liberación de la Palabra de Dios. Y la buena noticia es, todo el cuerpo de Cristo puede participar en esta forma de profetizar. Tu objetivo principal es el de edificar, exhortar y consolar.

El Siguiente Nivel de Profecía implica la comunicación inspirada de Dios y por lo general ocurre durante los tiempos fuertes de oración profética, culto, sueños y visiones.

Pero no importa qué nivel de profecía estés experimentando, siempre tiene que haber un fundamento bíblico en el cual construir.

Cómo Liberar Profecía Corporativamente

Durante esta sección, vamos a afinar en 2 Crónicas 20. Me encanta todo el libro de 2 Crónicas. De hecho, el fundamento de mi ministerio está construido sobre él, en particular 2 Crónicas 20:20, que dice: "Creed en el Señor tu Dios, y estaréis seguros. Creed a sus profetas, y seréis prósperos."

Ahora vamos a hablar acerca de cómo liberar una profecía corporativa.

Todos los hombres de Judá, con sus mujeres y niños y los más pequeños, estuvieron de pie ante el Señor. Entonces el Espíritu del Señor vino sobre Jahaziel hijo de Zacarías, hijo de Benaía, hijo de Jehiel, hijo de Matanías, un levita y descendiente de Asaf, mientras permanecía de pie en la asamblea. Él dijo: "¡Escuchad, rey Josafat y todos los habitantes de Judá y de Jerusalén! Esto es lo que el Señor les dice: "No temáis ni desmayéis, por ese gran ejército. Porque la batalla no es de ustedes, sino de Dios. Mañana marchad contra ellos. Ellos estarán subiendo por la cuesta de Sis, y los hallaréis en el extremo del cañón en el desierto de Jeruel. Ustedes no tendrán que luchar esta batalla. Asuman sus posiciones; manténganse firmes y ved la salvación que Jehová os dará a ustedes, a Judá y a Jerusalén. No tengáis miedo; No os desaniméis. Salid mañana contra ellos, el Señor estará con ustedes. "'Josafat se postró rostro en tierra, y todo el pueblo de Judá y de Jerusalén se postraron en adoración ante el Señor. Después, algunos levitas de los hijos de Coat y de Coré se pusieron de pie y alabaron al Señor, el Dios de Israel, con una voz muy alta. Temprano por la mañana se fueron para el desierto de Tecoa. A medida que avanzaban, Josafat se puso de pie y dijo: "¡Oídme, Judá y habitantes de Jerusalén! Tengan fe en el Señor su Dios, y estaréis seguros; Confíen en sus profetas y tendrán éxito." — 2 Crónicas 20:13-20 (NIV)

Si realmente examinas esta escritura, verás que ocurrieron ciertas cosas antes de que una palabra corporativa fuese puesta en libertad. Verás que no estaba sucediendo el culto y que estaban buscando a Dios para respuestas específicas. Y si estudias la Palabra que estaba siendo puesto en libertad, verás que no hay edificación, exhortación y consolación, sin embargo sí una dirección específica que permitía a la gente de Dios el prosperar en un área determinada. Por lo tanto, en este caso, la Palabra de Dios está permitiendo que prosperen en contra de sus enemigos ya saber qué se necesita hacer o que se debe hacer para que puedan prosperar en lo que Dios ya ha establecido.

Pero, de nuevo, esto viene porque había una cierta manera de adorar llevándose a cabo. Y es durante los momentos intensos de culto que va a caer el Espíritu de Dios.

Cuando se trata de la liberación de la profecía, va a haber algún tipo de indicación estándar de que Dios te está hablando sobre una base regular. Esto sucede normalmente con los profetas e intercesores proféticos. Hay algo que sucede y se dan cuenta de que Dios está tratando de liberar algo o quiere liberar algo a través de ti.

Quiero que te des cuenta de que en el versículo 15 hay edificación, exhortación y consolación:

> *Esta es la razón por la que el Señor te dice: "No tengas miedo ni te desanimes de ese gran ejército. Porque la batalla no es de ustedes, sino de Dios." — **2 Crónicas 20:15 (NIV)***

Luego, en el versículo 16 viene la instrucción:

> *Mañana marchen contra ellos. Ellos estarán subiendo por la cuesta de Sis, y los hallaréis en el extremo del cañón en el desierto de Jeruel. — **2 Crónicas 20:16 (NIV)***

Esta es la parte más próspera de la palabra profética que viene sucesivamente: *No tendrán que luchar esta batalla. Asuman sus posiciones; manténgase firmes y ved la salvación que Jehová os dará.*

Pero entonces aquí vamos de nuevo al final con más edificación y comodidad: "No se desanimen. Salid mañana contra ellos, el Señor estará con vosotros."

Y, de nuevo, este es un modelo de la profecía, no importa lo que esté sucediendo. Así que esto me dice que incluso si yo profetizo para una persona uno-a-uno y libero una palabra básica del Señor, entonces *ese mismo modelo* debe también ser implementado como profecía corporativa. Estamos tomando la misma cosa y expandiéndola a lo que Dios nos está hablando.

A medida que Dios te está comunicando, Él puede estar mostrándote una visión, pero todavía tendrás que encontrar la aplicación bíblica para que puedas conectar los puntos y liberarla y seguir proporcionando edificación, exhortación y consolación.

PARTE DOS

El Sueño de Rana

¡Mirad! Os digo un misterio. No todos dormiremos, pero todos seremos transformados, en un momento, en un abrir y cerrar de ojos, a la trompeta final. Pues la trompeta sonará, y los muertos serán resucitados incorruptibles, y nosotros seremos transformados. — 1 Corintios 15:51-52

A continuación se muestra una entrevista que tuve con una mujer llamada Rana, que compartía su sueño conmigo.

RANA HABLANDO

Yo estaba en un lugar fuera de este mundo. Vi a gente, pero se veían diferentes, como muñecas de porcelana. Tenían rasgos perfectos. Entonces el Espíritu Santo me reveló que estas personas estaban en sus cuerpos glorificados.

Mientras caminaba más, estaban sonriendo y fueron muy amables. Me encontré con una mujer, y juntos caminamos además a un bosque. Oí a un coro cantar y rezar. La mujer y yo estábamos mano a mano, y nosotros también estábamos adorando y cantando a Dios. Entonces, de repente, lluvias comenzaron a caer sobre mí conforme rezaba. Se sentía tan bien y tranquilo. Este lugar era tan hermoso y tranquilo. No tuve ninguna preocupación en absoluto.

Mientras caminaba más lejos, la mujer se fue y un joven se acercó a mí, me cogió la mano, y fue a pararse en una línea. Le pregunté, "¿Qué es este lugar? ¿Dónde estamos? "Él respondió:" Hay un nombre para este lugar en la Biblia".

Cuando fue mi turno para encontrarme con él, había una cortina negra que cubría el área. Me senté allí, esperando a que se diese a conocer.

Luego habló un nombre, sólo que era en un idioma diferente, el idioma de las lenguas. Como estábamos de pie en fila delante de un edificio, vi a un hombre de color de bronce sentado en una silla mirando a través de una ventana. Le pregunté al niño, "¿Quién es ese?" Dijo que era el maestro. Sin embargo, dijo que sólo podía ver al maestro a través del cristal de la ventana de vidrio.

Cuando fue mi turno para encontrarme con él, había una cortina negra que cubría el área. Me senté allí, esperando a que se diera a conocer. Después, la voz del Espíritu Santo dijo: "Si abres la cortina, ciertamente morirás." Entonces me sentí inmediatamente volando fuera del lugar antes de que el telón se abriese y desperté.

LA PROFETISA DWANN HABLANDO

¿Qué sentiste cuando te despertaste? ¿Alguna de las escrituras te vino a la mente?

RANA HABLANDO

No, lo único que estuve pensando cuando me desperté era, *¿debería tener miedo?* Entonces empecé a pensar en cómo me sentía cuando estaba en ese lugar. Estaba tan tranquilo. Ni siquiera estaba pensando en la tierra o la vida en este mundo ni nada de eso. Así que empecé a reconsiderar esos momentos: las duchas, el coro cantando, y se hizo más tranquilo cuando estaba pensando. Pero ninguna escritura vino a la mente.

LA PROFETISA DWANN HABLANDO

Estoy segura de que has tenido una experiencia celestial. Nunca dudes eso. Recuerda, Pablo dijo: "No sé si estaba atrapado en el espíritu o si yo estaba en la tierra." Para mí, este es sin duda uno de esos tipos de situaciones. Recuerda, el cuerpo resucitado es un cuerpo glorificado. ¿Y dónde van a estar los cuerpos glorificados? En el cielo.

Tu experiencia celestial es muy similar a lo que he escuchado de otros profetas experimentados y ministros del Evangelio que de hecho se han visto en el cielo.

El siguiente paso sería el de rezar sobre tu sueño. Pídele a Dios que te revele qué escrituras pueden aplicarse a tu sueño, por qué Él te lo está liberando a ti ahora, y Él quiere que lo liberes al cuerpo de Cristo.

Cuando entras en una flor, la flor salta hacia atrás porque no existe la muerte o la oscuridad. Todo es luz.

Las escrituras dicen que nuestros cuerpos glorificados serán levantados en gloria y poder. Y las otras experiencias que he oído del cielo es que cuando estás en el cielo no hay dolor.

Cuando pisas en una flor, la flor salta hacia atrás porque no existe la muerte o la oscuridad. Todo es luz. Y cuando estás en Su presencia, no puedes mirar directamente en él porque la luz de su presencia es demasiado poderosa.

Por lo que definitivamente se podría convertir su sueño en una palabra de consuelo para el pueblo de Dios. Ir a buscar las escrituras que se aplican. Es posible hacer una búsqueda de palabras en el cuerpo glorificado. Por ejemplo, 1 Corintios 15:58 dice:

> *Por lo tanto, mis queridos hermanos, estad firmes, constantes, abundando siempre en la obra del Señor, sabiendo que en el Señor vuestro trabajo no es en vano. —*
> **1 Corintios 15:58**

Y luego, a medida que cuentes lo que comenzaste a experimentar, Dios te dará más escrituras que aplican, pero luego va a ser la confirmación. Una vez más, lo que estoy diciendo, Rana, es que tu sueño era tan poderoso que definitivamente puedes ir y retransmitirlo al Cuerpo de Cristo, y alguien tendrá probablemente una interpretación.

Si deseas ser personalmente confiado en liberar esto a la gente de Dios, escríbelo, ora por él, haz una búsqueda de palabras clave, y entonces estarás listo para soltarlo para el Cuerpo. Podría incluso ser tan simple como un correo electrónico. Puedes incluir la experiencia de Pablo, donde él habla de no estar seguro de si estaba atrapado o no en el espíritu.

Así es como otro estudiante que escuchó el sueño lo interpretó para Profecía

Cuando escuché por primera vez El Sueño de Rana, oí la palabra "paraíso". También he oído que la señora tuvo una visita angélica, donde Dios realmente envió a su ángel para conseguirla y llevarla a un lugar. Como has dicho, fue una experiencia divina o celestial. El ángel era su guía, mostrándole donde él quería que fuera y lo que iba a suceder.

Cuando Rana dijo que estaba de pie en la fila, fue como si Dios estuviese diciendo que era su tiempo para visitarlo en el Santo de los Santos. Oí revelar o revelación de que Dios quería revelársele a través de su culto. Había una cortina y oí al Señor, "Ninguna carne se coloca en mi presencia en el Santo de los Santos." Y sé que un montón de veces con el fin de ir detrás del velo, tienes que adentrarte en el culto y vivir una vida de adoración.

Oí decir a Dios como si fuera para el Cuerpo de Cristo que Él está llamando, "Es nuestro momento de entrar en una parte profunda de culto." Por lo tanto, podemos empezar a entrar en el Santo de los Santos para hacer peticiones proféticas en nombre de la gente. Parece que Dios estaba llamando a Rana, o ciertos tipos de personas, para venir delante de Él, pero ella dijo que fue levantado y llevado como si no fuera bastante tiempo.

Tal vez algunas cosas más deben tener lugar antes de que pueda entrar en ese lugar con Él detrás del velo. Pero parecía como si quisiera revelarse a ella porque ella le mostró a través de la ventana, pero no fue bastante tiempo debido a que se la llevaron.

LA PROFETISA DWANN HABLANDO

Rana, ¿qué tipo de llamamiento profético está en tu vida? Dime más acerca de tus experiencias proféticas.

RANA HABLANDO

Yo experimento una gran cantidad de cosas inexplicables. Soy un convertido del Islam. Antes de aceptar a Cristo, estuve teniendo visiones de Cristo, la sangre de Cristo, cosas por el estilo. Cuando eso sucedió, mis visiones comenzaron a aumentar. Creo que Dios estaba tratando de darse a conocer, incluso cuando era un niño. Cuando tenía once años, soñé que me había convertido en un cristiano. Pero nunca en mi mente llegué a creer que llegaría a volverme cristiano, a causa de la religión islámica, sino que Cristo me liberó. ¡Gracias Señor!

LA PROFETISA DWANN HABLANDO

Rana, tú representas a aquellos que han sido convertidos, pero Dios va a seguir convirtiendo a muchos más. Incluso aquellas personas islámicos de esa religión van a terminar siendo atraídos también. Cuando sabes acerca de tus antecedentes, eso hace que sea aún más poderoso, porque ahora esto no es sólo una palabra para ti o el Cuerpo de Cristo. Esta es una palabra para aquellos conversos que necesitan saber y tienen la necesidad de ser consolados de que, efectivamente, hay un lugar para ellos en el paraíso, y que, efectivamente, hay un lugar en la sala del trono en la que puedan profundizar también.

Déjame tan sólo rezar por Rana en este momento:

Dios Padre, te doy las gracias por Rana. Te agradezco por todo a través de lo que la has llevado. Te agradezco por el propósito, plan, y el destino que se encuentra en su vida. Te agradezco el llamado profético que tienes sobre ella ahora. Te agradezco por el aumento de la profética en el interior de ella, aumentando su capacidad de discernir e interpretar. Te agradezco que vayas a llamarla para ayudar a ganarse a esos hermanos y hermanas en el Islam que todavía necesitan ser convertidos.

Te agradezco que le estés dando una estrategia sobre cómo convertir. Así que, incluso ahora, tan sólo profetizo una bendición sobre ella. Decreto que ninguna arma forjada contra ella, prosperará. Y gracias a esta dispensación en el tiempo que es ordenada por ti, y ella conoce y reconoce quién es y a todo lo que ha sido llamada a hacer como embajadora del Reino.

Dios, yo la levanto y te doy gracias por tus ángeles estando allí en la asignación 24/7 a la guerra en tu nombre y para proteger su vocación. Dios, pido la sangre de Jesús sobre ella en el nombre de Jesús. Amén.

Después de haber orado por Rana, otro estudiante dio a conocer esta palabra profética a ella.

Rana, oí decir a Dios que él te ha favorecido como Ester y que es verdaderamente su tiempo para venir detrás del velo. Es realmente ha llegado tu tiempo para venir y hacer la petición profética y la intercesión profética en nombre del Cuerpo de Cristo. Se te ha llamado a un lugar más alto al que él no ha llamado a todo el mundo, para venir a morar con él detrás del velo.

Es verdad es tu temporada para empezar a entrar en una dimensión más profunda en el culto. Pasar más tiempo en el culto y comenzar a pararte delante de él y tocar su presencia, porque hay algunas cosas que Él quiere compartir contigo cara a cara. Él quiere que tú consagres más, para que puedas llegar a ese lugar.

Dios dice que Él te ha favorecido verdaderamente y que vas a experimentar más visita angelical. Vas a ser capaz de experimentar las visitas más celestiales y las experiencias más celestes. Dios dice que realmente va a enviar ángeles para ti, y estos van a literalmente a llevarte a lugares; más tarde, vas a descubrir que los lugares a los que te están llevando son lugares a los que, literalmente, vas a llegar tarde o temprano.

En la media noche, Él va a sacarte de tu casa en tu sueño y él va a tenerte tocando tierra extranjera, entonces él va a abrir más portales.

Dios dijo que va a empezar a abrir portales para ti y tú, literalmente, vas a ser transportado de un lugar a otro, porque Dios está encarecidamente favoreciéndote; te van a enviar a una ventana donde no van a ser receptivos de las ministras, por no hablar del Evangelio.

Pero Dios dice que Él va a abrir portales y que tú vas a empezar a tocar diferentes partes de las regiones y los diferentes países sin ni siquiera ser capaz de tomar un vuelo en el medio natural. Y Dios dice que incluso va a abrir otros portales para poder transportarte de vuelta.

En la media noche, Él va a tener que sacarte de tu casa en tu sueño y él va a hacer que toques tierra extranjera, entonces él va a abrir más portales. Él va a tener que volver, y los ángeles van a ayudarte, escoltándote de un lado a otro de estos diferentes países a través de estos portales. Dios dice que él te ha favorecido altamente y es sin duda tu tiempo.

PARTE TRES

PREGUNTAS Y RESPUESTAS

¿Qué pasa si la profecía se presenta en forma de una advertencia y la persona la rechaza por temor?

Este es el trato: Más a menudo que no, como se ve en la Biblia, cuando fueron liberados advertencias, vinieron de los profetas de Dios, apóstoles, o de Dios mismo. Hubo una clara advertencia, pero a las personas que estaban siendo advertidas se les dio muchas oportunidades para arrepentirse. Esa es una instancia.

La otra cosa que encuentro mucho en el Cuerpo de Cristo es que la gente tome sus dones demasiado en serio. Ellos se vuelven tan audaces en lo que están haciendo que lo liberan de una manera tal que trae el miedo en lugar de confort, edificación, exhortación, o confirmación. No importa qué—si se trata de una advertencia o no—la palabra profética que se te libera a ti por otra persona, debe confirmarse, la mayor parte del tiempo. Pero habrá y puede haber casos en los que la Palabra del Señor vendrá como una sorpresa.

Si sabes que es un hecho que en realidad no se confirma, o que no es verdaderamente de Dios, sí, puedes rechazarlo. Si estás 50/50 seguro, ora sobre ello y ponlo en un estante espiritual y ve lo que sucede. Si recibo una advertencia, voy a llevarla delante de Dios a menos que sepa con claridad que no es de Dios, porque cuando el miedo se establece, hay una puerta abierta para que lo demoníaca entre aún más fuerte.

Así que tenemos que ser experimentados en lo que estamos diciendo y haciendo de tal manera que todavía estamos edificando y consolando al pueblo de Dios. Una vez más, Dios puede cortarte duro, pero la cosa es, todavía va a traer algún tipo de conforte y de confirmación, porque sabes que a Dios le importas tanto que enviaría una advertencia para que puedas ponerte en marcha.

¿Puede explicar la diferencia entre una visión abierta y un sueño, y cómo las interpretaciones pueden variar en tales?

Normalmente, con una visión abierta, estás despierto cuando Dios descarga algo allí mismo en tu presencia. Puede parecer como si estuvieras mirando a la distancia, y a menos que lo estés experimentando, la gente sólo piensa que pareces estar loco, o que algo está pasando. Normalmente estarás ya sea atrapado en el Espíritu, o te está mostrando algo que está a punto de suceder.

Muchas veces con los sueños, aunque puedan ser predictivos; también pueden ser muy metafóricos y simbólicos. Así que si hay una cierta persona en tu vida, como un pastor, que es la figura de autoridad en tu vida (la autoridad espiritual), él/ella puede estar en tu sueño y podrían no representarse a sí mismos—podrían representar a Dios.

Sólo hay mucho que puedo decir sobre eso, pero espero que ayude. Una vez más, tus sueños van a ser metafóricos y simbólicos. Puede parecer como si pudiese ser un enigma. Puede ser algo predictivo. Puede ser una persona real o un evento real, o puede ser una visión abierta en la que estás literalmente atrapado y tus ojos están abiertos y ves lo que está pasando.

¿Cuál es la diferencia entre las palabras del conocimiento y las palabras de profecía?

Palabras de conocimiento son hechos sobre una persona que son desconocidos para ti; Sin embargo, esos hechos, como Dios los libera para ti, se pueden poner en una profecía o poner en oración. Muchas veces, si estás intercediendo proféticamente, Dios puede que te muestre una escena como vidente y puede ser del pasado de la persona. Esa es una palabra de conocimiento que Dios va a usar para que tú puedas conectarte a su presente y/o a su futuro a través de la liberación de la palabra profética, que es la profecía.

Es la clave que tú sabes qué hacer con ella. Si eres un intercesor profético y Dios te muestra algo sobre una persona de tu pasado, más a menudo que no es para que tú puedas interceder varias veces y simplemente tratar con él proféticamente en el espíritu, a menos que o hasta que Él te libere de ministrar a esa persona por cualquier razón.

¿Cuando ves algo que es un bastión que está llegando a través del líder de tu iglesia y manteniendo a la iglesia en cautiverio, deberías avisarle al líder, incluso si está operando en ellos?

A menos que Dios te libere, no deberás liberarlo. Tu responsabilidad es orar, no el tratar de enderezarlo. Ahora, si Dios dice claramente que lo sueltes, sí. Pero más a menudo que no, cuando Dios te está mostrando cosas como esa, es tu responsabilidad la de orar a través: nada más.

Tienes que ser prudente como una serpiente y sencillo como una paloma en esa situación. No estoy diciendo que nunca debes corregir, pero tienes que saber, sin una sombra de duda de que Dios te ha agraciado para hacer la corrección.

Sé muy, muy cuidadoso sobre la liberación de palabras de corrección, incluso si Dios te las ha mostrado. Nueve de cada diez veces, te las está mostrando para que intercedas y ores a través de ellas, no necesariamente para liberarlas. Ya que Dios está despertando la profética en ti y te ha marcado el comienzo en el oficio, Te está dando estas cosas porque cree que eres lo suficientemente maduros para manejarlas.

Esa madurez significa llevarlo a Dios en oración, preguntándole lo que debes hacer, y estar en contacto con otro profeta avezado para ir sobre ello y ver lo que tiene que suceder, porque muchas veces ese profeta avezado puede maniobrar en el espíritu y saber exactamente que está pasando.

Tienes que ser prudente como una serpiente y sencillos como una paloma en esa situación. No estoy diciendo que nunca debes corregir, pero tienes que saber, sin una sombra de duda de que Dios te ha agraciado para hacer la corrección.

¿Cómo entregas una palabra de corrección?

Cuando Dios le muestra a una persona algo, por lo general sienten que son el que tiene que corregir el problema. Bueno, eso no es necesariamente cierto. Tú puedes ser el que se supone que ore a través de, y Dios podría estar probándote para ver si eres lo suficientemente maduro para hacer frente a lo que Él te está mostrando. Si tienes que entregar una palabra de corrección y no eres necesariamente un profeta, primero tienes que ir con alguien que es ordenado o alguien que tú sepas que opera en el oficio de profeta y dejar que ellos lo revisen.

Entonces, si ellos creen que deberías liberarla, yo encontraría una manera para que ellos vinieran contigo para liberarlo, porque necesitas ese respaldo adicional.

Tú tienes que tratar con los principados que vienen en contra de ti cuando estás liberando algo así a alguien que está caminando en otro nivel de autoridad sobre ti.

Por lo que tienes que ser muy, muy cuidadoso en la liberación de palabras de corrección. Por encima de todo, querrás obedecer a Dios, pero si no estás seguro: en caso de duda, quédate con ello, y mantén la boca cerrada.

¿Puedes sugerir algunos libros para nosotros los videntes?

Sé que James Goll tiene un par. El Diccionario Profético por la Dra. Paula Price es uno grande. Yo uso ese. El Manual del Profeta es bueno también.

¿Cómo puede una persona despertar su don profético, si sólo están comenzando?

Uno de mis grandes amigos, dice, "Profetas engendran profetas." Por lo que significa que los profetas dan nacimiento a otros profetas. Tú necesitas estar alrededor de gente profética. Es necesario que encuentres un mentor profético que pueda verter en ti y ayudar a sacar las cosas de Dios que se encuentran dentro de ti.

Debes saber que cuando es el momento para que realmente seas provocado, Dios también te marcará la pauta dándote sueños y visiones y provocando que te encuentres con otras personas proféticas.

He aquí un breve testimonio de uno de mis aprendices proféticos:

Cuando entré en relación con la Sra. Dwann, mi nivel y confianza en lo profético realmente pasaron a otro nivel. Las activaciones y las pequeñas cosas que me ponía a hacer realmente hicieron una diferencia, porque ella es mi mentora y mi madre espiritual.

Una vez, ella realmente me tuvo que reprender en algunas cosas. Realmente me sorprendió y desconcertó porque yo no esperaba esto. Pero el Señor le había llevado a hacer eso. Por lo tanto, al instante ella se movió y dijo: "Ahora profetiza."

Yo estaba como, "¿En serio? Eso ni siquiera es mi forma de pensar. Ni siquiera estoy preparado para profetizar".

Entonces, al instante, cuando lo dijo, literalmente vi un árbol de roble que se volcó y vi a las raíces llegar hasta fuera de la tierra. Al instante, el Señor comenzó a hablar conmigo y decirme lo que eso significaba. Empecé a profetizarle a ella y sabía que venía de las activaciones y los pequeños ejercicios que ella quería que yo hiciera de vez en cuando durante nuestras sesiones de tutoría y asesoramiento.

Mi experiencia de estar bajo un mentor que realmente camina en el oficio de profeta ha aumentado mi nivel de confianza para profetizar, junto con mis niveles de precisión y audacia también.

¿Cómo saber si te llaman al oficio del profeta o si simplemente tienes el don de la profecía?

El don de profecía se agita cuando el alto culto se está llevando a cabo. Su agita cuando la intercesión profética se está llevando a cabo. Mientras estás en la oficina del profeta, Dios te habla continuamente todo el tiempo. Ves a gente. Tú sabes cosas.

Como profeta, puedo liberar básicamente una Palabra de Dios como una cascada en el momento justo. Es lo que soy. Soy su boquilla. Más a menudo que no, aquellos que son llamados a la oficina del profeta han pasado por el infierno en la tierra a causa de su vocación. Ellos van a través de ello por unos buenos cuatro a seis años, ya que Dios está en realidad induciéndolos en esa oficina. Él te muestra cómo confiar en Él y en Él solamente.

Conclusión

¿Dónde estás tú en lo profético? ¿Dónde se supone que debes estar? ¿Cómo vas a llegar? Si estás confundido acerca de cómo vas a llegar allí, por favor ponte en contacto conmigo. Me encantaría ser tu mentor.

Activación de la Profecía

Señor te doy gracias por cada semilla que se ha recibido en este día conforme esta guía ha sido leída.

Te agradezco para que cada palabra que se haya leído haya sido recibida en buena tierra fértil.

Ahora, Señor, entro en un acuerdo con su hijo/hija y yo activo y libero la capacidad sobrenatural de profetizar.

Muchas gracias, Dios, por un aumento en el discernimiento y la revelación conforme tu hijo / hija se arrodillen ante la fuerza profética dentro de ellos.

Declaro y decreto que la capacidad de profecía está siendo activada y se agita hasta ahora en el nombre de Jesús. Yo declaro y decreto que ninguna arma forjada contra los profetas bíblicos, el espíritu de profecía, o la capacidad de profecía será prosperada en sus vidas.

Incluso ahora despierto al profetizador e invoco el espíritu de la profecía que ha permanecido inactivo. Llamo a una liberación de las estrategias proféticas y revelación que nos traerán resultados para los que profeticéis.

Muchas gracias, Dios, que incluso durante los próximos treinta días, tu hijo/hija va a experimentar un aumento en su capacidad de profetizar y que incluso el espíritu de la profecía será incrementado como nunca antes.

Señor, aviva los dones proféticos como nunca antes. ¡Aumenta la oración profética! ¡Aumenta la profecía! ¡Aumenta la revelación!

Rompo todo espíritu que no sea como tú que trate de prevenir la profecía de salir a la luz y que trate de hacer ningún progreso cuando es el momento para profetizar.

Empujo hacia atrás la mano del enemigo y cada plan estratégico demoníaco que pudiese ser enviado para causar que las profecías fuesen inexactas y no diesen en el blanco. Yo digo que tus hijos e hijas profetizarán, y profetizarán bien. Ellos no tendrán miedo de abrir la boca, y profetizar. Declaro y decreto que las Escrituras de la Biblia fácilmente vendrán a sus mentes cuando sea el momento para profetizar y que no habrá ninguna duda en profetizar.

Me acojo a la sangre de Jesús sobre tu hijo desde la parte superior de su cabeza hasta la planta de los pies y le agradezco por la capacidad de hacer guerra para la profecía y liberación profética.

Ahora, Dios, acabo de decir: Venga tu reino y hágase tu voluntad, ahora en la vida de cada creyente leyendo esta activación de profecía en el nombre de Jesús, Amén.

Ejercicio de Documentación de la Profecía

Instrucciones: Ahora que tienes confirmación relativa a las medidas prácticas que se pueden implementar para liberar la profecía, vamos a dar un paso más allá.

Me gustaría desafiarte a utilizar esta guía para documentar la oración y la profecía durante los próximos treinta días.

Durante los siguientes treinta días, pídele a Dios que te dé a las personas y organizaciones específicas para orar. Al orar, toma el tiempo para documentar la mayor parte de lo que Dios está liberando durante tu tiempo de oración. Luego, tras la finalización de ese tiempo de oración, toma el tiempo para liberar una profecía corta y simplemente documentar lo que estás liberando.

Si eres guiado, el siguiente paso sería conseguir esa profecía a esa persona.

Pero lo más importante es asegurarse de que seas detallada en la documentación de la oración y luego asegurarte de comenzar cada profecía con una escritura que Dios te ha dado para ir con tu oración. Luego toma esa escritura y conviértela en una profecía específica a esa persona.

Entrada de Ejemplo

Diciembre 19, 2014

Dios me llevó a orar por el Dr. C. En mi tiempo de oración, Dios hizo que realmente me concentrase en hablar alegría y fuerza en esta temporada.

Aquí está la escritura que Dios me dio: ...

Aquí está la profecía que escribí después de rezar: ...

Día 1

_____
_____
_____
_____
_____
_____
_____
_____
_____
_____
_____
_____
_____
_____
_____
_____
_____
_____
_____
_____
_____
_____
_____
_____
_____
_____

Día 2

Día 3

_____

_____

_____

_____

_____

_____

_____

_____

_____

_____

_____

_____

_____

_____

_____

_____

_____

_____

_____

_____

_____

_____

_____

_____

_____

_____

Día 4

Día 5

Día 6

Día 7

Día 8

Día 9

Día 10

Día 11

Día 12

Día 13

Día 14

Día 15

Día 16

Día 17

Día 18

Día 19

Día 20

Día 21

Día 22

Día 23

_____
_____
_____
_____
_____
_____
_____
_____
_____
_____
_____
_____
_____
_____
_____
_____
_____
_____
_____
_____
_____
_____
_____
_____
_____
_____
_____
_____

Día 24

Día 25

_____
_____
_____
_____
_____
_____
_____
_____
_____
_____
_____
_____
_____
_____
_____
_____
_____
_____
_____
_____
_____
_____
_____
_____
_____
_____
_____
_____

Día 26

Día 27

_____
_____
_____
_____
_____
_____
_____
_____
_____
_____
_____
_____
_____
_____
_____
_____
_____
_____
_____
_____
_____
_____
_____
_____
_____
_____
_____
_____

Día 28

Día 29

_____

_____

_____

_____

_____

_____

_____

_____

_____

_____

_____

_____

_____

_____

_____

_____

_____

_____

_____

_____

_____

_____

_____

_____

_____

_____

Día 30

Acerca del Autor

Conocida como Tutora de los Medios de Comunicación para muchos, **Dwann Holmes Rollinson** es una galardonada periodista, productora nominada al Emmy, y ejecutiva de marketing llamada para aprovechar a líderes en nuevos niveles de Manifestación del Reino. Rollinson combina su experiencia de más de 20 años en los medios de comunicación con una visión ministerial para mostrarles a apóstoles, profetas, evangelistas, pastores y maestros de Dios a evangelizar fácilmente dentro y fuera de línea.

Como FUNDADORA del **INSTITUTO GLOBAL DE PROFETAS DE LA IGLESIA Y DEL MERCADO,** Dwann es una autoridad profética de las Naciones llamada para establecer orden y construir sistemas de rendición de cuentas para boquillas del Reino de Dios en todo el mundo.

Como pastora ejecutivo del Lugar de Culto en Jacksonville, Florida, Rollinson se mantiene al lado de su marido el **Obispo Harold Rollinson**. Juntos han fundado Constructores del Reino Global Apostólicos Proféticos (G.A.P.) Ya sea en el púlpito o auditorio, la Apóstol Dwann camina en milagros, señales y maravillas trayendo sanidad, esperanza y revelación profética para todos, especialmente los llamados al Ministerio del mercado y proféticos. **"Decano de América de Diseño Divino"** ¡La Apóstol Dwann ayuda a los divorciados cristianos y estudiantes universitarios abrumados a conquistar crisis para pasar de la derrota al destino!

(DwannSpeaks.com)

En abril de 2001, la Revista Ebony la nombró 1 de 30 futuros líderes de América de 30 años o menos. Como ex periodista de televisión, ella estaba acostumbrada a informar sobre la historia, pero ahora se le ha llamado a contar su historia personal con respecto a los

Cristianos y el Divorcio. Una historia que habla desde su experiencia de cómo su fe, la ha llevado a través de una crisis inesperada reciente a un lugar estable en el medio de la tormenta, que se detalla en su próximo libro, **"Vida Interrumpida: 7 Estrategias Claves para Superar Tiempos Difíciles."** Ahora Dwann combina sus habilidades de consejo pastoral, así como sus habilidades como entrenadora de liderazgo para ayudar a personas de todo tipo de antecedentes para SOBRESALIR EN MEDIO DE LA CRISIS.

Para obtener más información sobre el ministerio profético personal de Dwann visita www.ProphetDwann.com o sigue a Dwann en los medios sociales **@ProphetDwann**

Para obtener más información sobre la escuela profética de Dwann, visita **www.GlobalPropheticInstitute.com**

PROPHETIC TRUTH SERIES VOLUME 2

You CAN
Interpret Your

DREAMS!

A Prophetic Pocket Guide of Proven Spiritual Strategies
To Accurately Help You Understand Your Dreams

DWANN HOLMES ROLLINSON

HAIRMONY
Healing Hair & Hearts
Get Your Video
Consultation TODAY!
Natural Hair Consultations
Color Consultations
(Traction) Alopecia Consultations
Healthy Hair Transition Consultations
Book Your Appointment Today!
www.HairmonySalon.com

Acerca de SermonToBook.Com

SermonToBook.com comenzó con una simple creencia: que los sermones deben tocar vidas, *no* recoger polvo. Es por eso que convertimos los sermones en libros de alta calidad que sean accesibles a personas de todo el mundo.

En cuanto a que tu sermón o serie de sermones en un libro expone a más gente a la Palabra de Dios, te equipa mejor para el asesoramiento, acelera la futura preparación de sermón, añade credibilidad a tu ministerio, e incluso ayuda a fin de mes en tiempos difíciles.

Juan 21:25 nos dice que el mundo no podría contener los libros que se habrían de escribir acerca de la obra de Jesucristo. Nuestra misión es tratar de todos modos. Debido a que, en el Cielo, ya no será habrá necesidad de sermones o libros. Nuestro tiempo es ahora.

Si Dios te lo manda, estaremos encantados de trabajar contigo en su sermón o serie de sermones.

Visita www.sermontobook.com para aprender más.